Vill du veta mer om ditt inre växande, ditt medvetande och vilka fantastiska förmågor just Du har inom dig?

Besök oss på HelhetsCentrum:

https://www.helhetscentrum.se

Fem Steg
till Rikedom

Av Susanne Jönsson

© 2022 Susanne Jönsson

Förlag: BoD – Books on Demand, Stockholm, Sverige

Tryck: BoD – Books on Demand, Norderstedt, Tyskland

ISBN: 978-91-8027-830-0

Innehållsförteckning

Fem Steg till Rikedom – Introduktion

"Jag kan inte lära dig att handla med aktier eller göra smarta börsklipp men jag kan lära dig hur du arbetar MED energiflödet och drar nytta av det istället för att, som de flesta alltid gör, går på tvären MOT energin och därmed stoppa det naturliga energiflöde som finns i allt."

Tanken är inte att du i fortsättningen bara ska sitta i din fåtölj och rulla tummarna, då kommer ingenting att förändras, du ska givetvis utföra ditt arbete som alltid men du kommer att märka hur allting blir lättare och hur "tillfälligheter" gör att flödet går din väg.

Vet om att det finns tillräckligt av allt i Universum, det räcker även till dig om du vill och önskar.

Jag vet att alla har olika ambitioner och behov när det gäller pengar, jag vet också att många tror att det är fult att behöva pengar kanske för att det känns oandligt?

Gillar du inte pengar? Önska dig det Du vill ha, fler klienter, bättre bil, nytt boende eller vad det än är som gör att du inte är fullt nöjd med ditt liv. Flödesenergin handlar såklart inte bara om pengar – det finns ett överflöd av ALLT – önska dig och skapa det som just Du behöver.

För mig hänger allting ihop. Det finns ingen universell lag som säger att vissa människor ska ha ont om pengar och vissa människor ska få tillgång till roliga saker. Vi har alla samma värde och alla har lika stor rätt till allting.

Vi lever i ett samhälle som, än så länge, styrs av pengar. Vi behöver alla betala räkningar och handla mat. Att utöver det kunna sätta lite guldkant på tillvaron handlar om livskvalitet.

Självklart har du rätt att leva det liv du vill, du är värd att leva det liv önskar. Det handlar inte om brist på saker, det är tid att lära dig tänka överflöd!

För att nå dit behövs det lite grundkunskap om energiarbete, hur det går till och vad som du behöver göra.

Steg 1 Grunden

Kärleken till Dig själv.

Vad har kärlek med saken att göra?

För att kunna arbeta med den energi du behöver, flödesenergin, måste du först komma åt den.

Den enda vägen att nå flödesenergin är via Kärlek – Din Kärlek till Dig!

Vad är flödesenergi? Det är den energi i Universum som följer flödet, där flödesenergin finns eller drar fram saknas aldrig något.

De flesta motarbetar omedvetet flödet genom att tycka att de inte är värda den eller att de inte är bra nog att ta hjälp av den.

När jag pratar om Kärlek till Dig har det inget med ditt ego att göra.

Om du säger *"Jag älskar mig själv för jag är bättre än alla andra"* - då är det ditt ego som talar, ditt ego som kan få dig att tro att du är bättre och mer värd än vad andra människor är.

- Ditt ego är alltid den som stoppar kontakten med flödesenergin.
- Ditt ego vill helst få dig att tro att alla andra har ett större värde än vad du själv har. Den vill hålla dig begränsad och få dig att tro att kärlek

till dig själv är fult och att du inte är värd att få tillgång till allt du behöver.

- Ditt ego vill att du ska tro att ditt välbefinnande beror på vad andra tycker om dig, inte vad Du tycker om dig.

När du är beroende av vad andra tycker om dig och dina handlingar lägger du all din kraft utanför dig själv, du bli tvungen att anpassa dig efter omvärldens tänkande och tyckande. Du blir utan ansvar för ditt liv eftersom du tror att det är andras tyckande som styr.

När du börjar ifrågasätta detta inser du såklart att det är omöjligt att styras av vad alla andra tycker och tänker. "Alla andra" är väldigt många och ingen kan agera så att "alla andra" blir nöjda.

När du förstått detta kommer du snart inse att det är Du själv som skall vara nöjd -i ditt Hjärta, din känsla - med ditt agerande, när du är nöjd mår du bra. Jag förutsätter att du förstår att allt handlar om att agera kärleksfullt mot allt och alla i livet, det är grundläggande för att kunna få kontakt med flödesenergin.

När du säger *"Jag älskar mig själv – och jag önskar att ALLA kunde göra det"* då är det ditt Hjärta som talar.

I ditt Hjärta så vet du innerst inne om att du är värd ALLT du önskar, precis som ALLA är.

Vi människor är alla OLIKA.
Vi ser olika ut, vi kommer från olika platser och vi har olika uppgifter men allt detta spelar ingen roll.

Vi människor är ALLA LIKA MYCKET VÄRDA!
Oavsett hur vi ser ut eller var vi kommer ifrån, ALLA har samma VÄRDE!

I ditt Hjärta vet du att det är sant!

När du uttrycker din kärlek på detta sätt, från Hjärtat, är du i direktkontakt med flödesenergin.

Tänk på att Jesus själv sa för länge sedan:

"Du skall älska din nästa såsom dig själv"

-Såsom dig själv... med andra ord var det helt naturligt att älska sig själv!

Nu har vi utvecklats så långt ifrån den bibliska tanken att vi måste vända på det och säga: *"Du ska älska Dig Själv såsom du älskar din nästa"*.

Då blir det genast enklare för de flesta att förstå skillnaden och förhoppningsvis även hur viktigt det är att älska sig själv.

Ja, okey – jag förstår! Men HUR gör jag?

När vi arbetar med att skapa eller förstärka kärleken till oss själva, är affirmationer det bästa verktyget att använda.

En affirmation är ord som du upprepar till dig själv i syfte att skapa en ny sanning inom dig.

Affirmationer fungerar för att vi övertalar oss om att de är sanna – allt vi har hört tillräcklig många gånger blir sant.

Vi börjar med att låta munnen berätta för huvudet att *"jag älskar mig själv"*, när huvudet hört detta tillräckligt ofta börjar huvudet tro att det är sant.

När huvudet vet att det är sant att *"jag älskar mig själv"* börjar snart kroppen att lyssna.

När även kroppen har hört detta tillräcklig många gånger så vet också kroppen att det jag säger är sant – detta innebär att nu vet hela min kropp att *"jag älskar mig själv"* – det har blivit en insikt i hela mig och nu vet kropp och själ samma sak.

Läkning på djup nivå sker.

Affirmationer skall alltid upprepas tre gånger.

Allt nytt som ska tränas in bör upprepas tre gånger för då börjar det fastna.

1. Först sägs bara orden

2. Sen börjar vi höra vad vi säger

3. Sist börjar vi lyssna och ta till oss det vi säger, orden börjar fastna

Den bästa och mest effektiva affirmation du kan använda är:

"Jag Älskar mig Själv!
- Jag är Värd att Må Bra!"

Upprepa denna affirmation tre gånger på morgonen och tre gånger på kvällen – SAMT vid behov.

Vad är Vid Behov? Jo, det är alla de gånger som du säger negativa saker om dig själv – "jag är för dum, för ful, för tjock, för smal, för lång och så vidare och så vidare i ALL oändlighet!

Varje gång du är negativ mot Dig så ändra den tanken till din affirmation!

Din affirmation får dig så småningom att inse att du ÄR bra precis som du är, att du ALLTID gör så gott du kan – även de gånger som det kanske inte blev så himla bra, även då gjorde du så gott du kunde.

Förstå att just DU, just NU, ALLTID gör så gott du kan, börja älska dig själv så förstår du precis vad jag menar.

Inse också att nu när du fått en ny kunskap så ska du enbart lägga det gamla mönstret bakom dig och gå vidare.

Du måste tillåta dig att lära dig något nytt utan att blir självkritisk och tjurig på dig för att du inte förstod detta tidigare.

Att skapa Kärlek till Sig Själv är inget som går på en kvart, denna övning måste du göra dag efter dag, vecka efter vecka, tills du känner att den är sann.

Låt Din Kärlek till Dig växa.

Det bästa och mest effektiva sättet att säga en affirmation på är att titta sig själv i ögonen i en spegel och säga affirmationen högt – dock klarar de flesta inte av det.

Många får tårar i ögonen och kramp i magen av att säga *"Jag älskar Mig Själv"*

– Om det är svårt så blunda och upprepa din affirmation tyst inom dig. Förstå att ju svårare du har att säga den desto viktigare är den för dig.

Steg 1
Den enda vägen att nå flödesenergin är via Kärlek
– Din Kärlek till Dig!

Steg 2 Lita på Dig

Många människor är rädda för förändringar och ser därför inte alla möjligheter som kommer i deras väg.

Livet har en tendens att föra det i din väg som du letar efter.

Har du tänkt på att när du vid något tillfälle blivit intresserad av något som du aldrig tidigare stött på? Det kan handla om saker eller olika händelser eller en viss plats, vad som helst som du inte tidigare intresserat dig för.

Har du då märkt att det helt plötsligt står om detta i tidningar, det nämns på tv eller så hittar du massor av länkar på internet? Detta ämne som du tidigare knappt visste om, kan du helt plötsligt hitta information om överallt.

Det är denna typ av händelser jag menar när jag säger att livet tenderar att föra fram det du letar efter.

Nästa steg är då att våga.

Hur många gånger har du haft en möjlighet till en förändring men inte vågat?

Ofta handlar det egentligen om att tillåta sig och att älska sig själv tillräckligt mycket för att acceptera en förändring.

Det är också viktigt att förstå och inse att alla beslut du fattar måste inte handla om "för hela resten av ditt liv", våga tillåt dig att prova och tillåt dig att ändra dig om det inte blev bra.

Att ändra sig handlar inte om att misslyckas som många tror. Det handlar om att älska sig själv tillräckligt mycket för att ge sig själv en chans att vilja och våga prova något nytt.

Ofta blir det ännu bättre än du kunde fantisera om och någon enstaka gång blir det inte bra.

Om det inte blir bra – enkelt! Det är bara att göra om – inget är enklare när du väl har vågat prova något nytt.

Hur ska jag då veta vad jag vill prova?

Det är enbart din egen kropp som kan berätta för dig vad som är bra för dig.
Ibland är det svårt att sortera alla känslor i kroppen och veta vad som är rätt.

Förr fick vi alltid höra: "lita på din magkänsla" – helt omöjligt säger jag!

Vad finns i din mage och i ditt solarplexus? Jo, alla dina rädslor! Har du någon gång blivit orolig för något? Känt direkt att det "sätter sig i magen", det brukar kännas som en kramp direkt i solarplexus.

I magen och solarplexus samlas alla våra rädslor och vårt kontrollbehov. Vad händer då om du ska "lita på din magkänsla"?

Vad sägen magen och solarplexus nästan varje gång? De säger NEJ!! JÄTTE JOBBIGT! Det kommer ALDRIG att gå! Det KLARAR jag aldrig! – Bara rädslor och kontrollbehov – eller hur?

Lita på ditt Hjärta.

I ditt Hjärta har du alltid den rätta och sanna känslan.

Du kan uppleva att ditt Hjärta säger JA!! Med en stor glädje runtomkring – på samma gång som din mage/solarplexus säger NEJ!!

Lita alltid på ditt Hjärta då.

Ditt Hjärta tar inte så mycket hänsyn till det som är enklast eller det som är mest praktiskt.

Ditt hjärta hjälper dig att följa din livsväg och att fatta beslut som är bra för dig, både på kort och på lång sikt.

Ditt Hjärta väljer och VET vad som är bra för Dig, i din väg i livet. När du har valt och vet vad som känns rätt i ditt Hjärta, då är det tid att koppla på hjärnan för att lösa det praktiska arbetet som behövs för att det val du har gjort ska bli möjligt.

När du lär dig lita på ditt Hjärta och du står inför en ny möjlighet så nästa gång - våga prova! Gör det med mycket kärlek till dig själv med full vetskap om att allt inte är ristat i sten, du FÅR LOV att ändra dig.

Våga se möjligheterna som kommer i din väg

Känn efter i ditt Hjärta hur det känns och vad du vill

Det finns ett överflöd av allt!

Du tar inte från någon annan när du vill skapa något bra åt dig själv. Det finns ett oändligt överflöd av allt i Universum, tillåt dig att leva ett bra liv.

Det du skapar påverkar inte din andlighet.

Vissa tror att vi inte får skapa pengar eller prylar, klart du får om du vill det. Så länge du skapar från ditt hjärta så påverkar det inte ditt ego.

Du blir varken mer eller mindre andlig av att leva ett bekvämt och tryggt liv.

Tillåt dig att leva ett bra liv, vet om att du är värd att ha det bra.

Skapa från ditt hjärta, då blir inte ditt ego involverat.

**Steg 2 Våga lita på Dig och
tillåt dig att ha det bra**
Lita på Dig och på dina val, skapa det
du önskar och vet om att det finns ett
överflöd av allt du önskar.

Steg 3 Tag Ansvar

När du nu står inför en förändring som känns rätt i ditt Hjärta så är det väldigt viktigt att du nu väljer att ta eget ANSVAR för ditt beslut!

Det händer mellan varven att jag får höra att klienter har fattat beslut på grund av vad någon annan sagt eller tyckt.

De har kanske varit hos ett medium som sagt något eller så har de lagt tarotkort, dragit något änglakort, läst en bok eller frågat naturen själv.

Det finns många sätt att få rådgivning på.

Det viktigaste med dessa RÅD är att förstå att de är just RÅD, de är inte dina beslutsunderlag.

Ditt eget beslut måste DU själv ta!

Vad händer annars om du fattat ett beslut och gjort en förändring?

Anta att du inte blev nöjd?
Vems fel är det då? – Såklart inte ditt eget för det var ju någon annan som sa att ….

Du känner dig som ett offer för omständigheter som du egentligen själv har valt men eftersom du valde beroende på vad någon annan sa, så känner du, att du inte kan göra något åt det – Du blir ett OFFER! Skyll inte på någon annan.

Anta att du BLIR nöjd!
Tack vare vem då? Inte dig själv i alla fall, du ger bort din egen kraft och ditt beslut till någon annan och därmed tror du att andra i din omgivning vet mer om dig än vad du själv gör.

Du blir kraftlös och svag för du tror andra vet bäst.

Anta istället att du fattat samma beslut men med eget ansvar.

- *Jag har beslutat att ...*
- *Jag har kanske lyssnat på vad andra säger eller tycker men jag har känt efter i mitt Hjärta och **MITT** beslut är att ...*

Ponera att du inte blir nöjd? Ja, det är inte hela världen!

Eftersom det är ditt eget beslut och ditt eget ANSVAR är det enkelt att fatta ett nytt beslut.

- *Jag har bestämt mig för att göra så här istället för nu känns det bättre!*

Ponera att du blir nöjd från början. Då har du ALL kraft och ansvar själv. Du vinner mycket i styrka och kärlek på detta sätt.

Vad har vi då dessa medium, tarotkort, änglakort, pendlar, böcker, kristaller eller naturens spådomar o.s.v. till?

Jo, enbart som vägledning och råd – INTE som beslutsunderlag!

Det är en stor skillnad.

Steg 3 Tag Ansvar
När du nu står inför en förändring som
känns rätt i ditt Hjärta är det väldigt viktigt
att du väljer att ta eget
ANSVAR för ditt beslut!

Steg 4 Skapa din framtid

Ja, nu är vi här igen... Ditt Liv, Ditt Ansvar, Dina Val

Hur gör vi då för att samla ihop dessa tekniker till något praktiskt? Hur får jag mer pengar (eller bokningar eller bättre hus eller vad det nu är som du vill skapa).

För denna övning behöver du ha förstått:

- Hur viktig Din Kärlek till Dig är

- Att möjligheter kommer i din väg

- Att du kan Välja att ta emot dem och Lita på din känsla och

- Att Du har fullt Ansvar för alla delar i ditt liv.

Detta Steg utför du i en meditation.

Gör så här:

Bestäm dig för vad du Önskar att Skapa (Pengar? Klienter? Kärlek? Ett nytt hus?).

Fundera inte över hur det skall gå till, bara koncentrera dig på slutresultatet.

Vad är det egentligen du vill? Ha trygghet? En fullbokad kalender? Kärlek? Eller är det kanske så enkelt som pengar?

Skriv gärna upp det så det blir tydligt för dig.

Önska dig en sak i taget, inte en lång lista.

Skapa en bild inom dig hur denna önskan ser ut och hur den känns. Du kan skriva upp den eller rita upp den om du vill, gör den så tydlig som du behöver ha den för att kunna skapa den.

- Sitt bekvämt. Du kan sitta i en soffa, i sängen eller på golvet eller var du vill. Gärna med fötterna i golvet men om det blir obekvämt så låt bli.

- Lägg händerna på dina lår med handflatorna NEDÅT

- Blunda

- Tänk dig att du är på en plats, gärna ute i naturen, där du känner dig trygg, lugn och väldigt bekväm. Visualisera (fantisera)/känn denna plats så tydligt du kan

- Känn hur ditt Hjärta flödar av Kärlek till denna plats, känn hur Kärleken strömmar ut från ditt bröst och fyller hela platsen med Kärlek

- Sitt i denna Kärlek en stund

- **Känn** nu hur du vill skapa din önskan (som du förberett innan), känn hur du får din önskan uppfylld.

- Visualisera (fantisera) en Bild av hur det ser ut, hur det känns, se hur din bokningskalender fylls på –sida upp och sida ner om det är vad du önskar, känn hur glad du blir, hur nöjd du blir, hur enkelt det blir.

- **Sitt i känslan och bilden** av din önskan så länge du vill – dock max 20 minuter.

Steg 4 Skapa din framtid

Känn hur glad du blir, hur nöjd du blir, hur enkelt det blir. Njut av det färdiga resultatet.

Steg 5 Flödet!

NU är det tid! Nu ska du göra den sista övningen, denna kan du göra direkt efter din skapande meditation eller så gör du den fristående precis när du vill, när det passar dig.

Vet om att ALLT finns i ÖVERFLÖD i Universum! Detta Överflöd kan du visualisera (fantisera) som en stor gigantisk flod som flyter genom Universum.

ÖVNING:

- Blunda

- Tänk Dig (visualisera – fantisera) att du ser inom dig denna gyllene flod av Överflöd som flyter fram genom Universum

- Tänk Dig att du får denna flod att ändra riktning så den kommer i din väg

- Tänk dig att Floden nu stillsamt flödar förbi dig

- Gå ut i floden av Överflöd och ställ dig OBS!! Bara upp till anklarna – INTE MER!! VIKTIGT!! Om du står för långt ut kommer girigheten att gripa tag i dig och då mister du din önskan.

- Stå kvar tills du känner att "det är klart"

- Upprepa denna övning så ofta du vill, kan och behöver

Steg 5 Flödet

Vet om att ALLT finns i ÖVERFLÖD i Universum, se överflödet som en gyllene flod. Gå ut i floden och ta del av överflödet. Gå ut tills du bestämmer dig för att du står i överflöd upp till anklarna – inte längre.

De Fem Stegen till Rikedom

Nu har du fått kunskapen om hur Du kan nå Rikedom.

Vad rikedom innebär för Dig vet bara Du.

Det spelar ingen roll om du önskar dig överflöd av pengar, prylar, klienter eller kärlek, du kan använda dessa Fem första steg till att skapa ALLT du önskar.

På samma gång som du skapar allt du önskar så skapar du det viktigaste av allt, din inre rikedom, vilket är kanske det viktigaste steget du kan ta i ditt liv.

Din inre rikedom får dig att älska och respektera dig själv, när du älskar och respekterar dig själv blir det självklart att älska och respektera alla människor.

Alla människor med all kärlek, alla fel och alla brister – precis som De är.

På samma sätt som du älskar och respekterar dig själv – precis som Du är.

Bonus!

Vill du vara riktigt effektiv när du skapar din framtid och göra det på det bästa sättet du kan? Då ska du utgå från ditt hjärta när du gör övningarna.

För att nå den plats i ditt hjärta där du är hjärtförankrad på riktigt behöver du göra en meditation. Hjärtmeditationen låser upp en passage som för dig in ditt hjärta.

När du gjort den, då fortsätter du med att skapa allt du önskar.

Tips!

Spela in övningarna för eget bruk, då blir det lättare för dig att följa dem.

Du kan också ladda ner vår app, här finns Hjärtmeditationen att lyssna på. I appen har du också fler tips som ökar ditt välmående.

Appen kan endast laddas ner från vår hemsida och den är helt utan kostnad. Du hittar den på:

www.helhetscentrum.se

Hjärtmeditationen

• Ha fötterna i golvet och handflatorna nedåt.

• Dra ett par djupa andetag och blunda.

• Nu ska du fantisera, och du ska tänka dig och bestämma dig för att du är på en vacker plats i naturen.

• Du vet, en sådan där fantastiskt vacker plats som du älskar att vara på. Om du inte vet någon sådan plats så hittar du bara på en.

• Nu vänder du blicken uppåt och där ser du en natthimmel.

• Du bestämmer dig för att du ser en stjärnklar, sammetsmjuk och oändligt vacker natthimmel.

• Du känner hur ditt hjärta öppnar sig och din kärlek strömmar ut. Det här är din kärlek till modern och till fadern som har skapat allt detta till dig.

• Självklart vill du dela med dig av din kärlek till dem, så du ska bilda två gyllene klot av kärleken som strömmar ut från ditt hjärta. Kloten ska inte vara så stora, de ska bara vara cirka tre till fyra centimeter i omkrets.

• Nu ska du andas in dem båda i ditt hjärtchakra (det vill säga rakt in, mitt mellan dina bröst), så dra ett djupt andetag och andas in dem.

• Andas ner ett till Jorden och upp ett till Solen i samma andetag (Du ska alltså förbi stjärnhimlen.) och gör det som en kraftig utandning.

- Du lämnar dem där, ett till Jorden (Modern) och ett till Solen (som representerar Fadern) och säger; "Varsågod!" Nu väntar du på svar...

- Ganska snart känner du deras svar till dig. Du känner hur de skickar sin kärlek till dig. De älskar dig högt, du är deras barn.

- Nu har du förankrat ditt hjärta i Jorden och i Solen och har tillgång till din Prana-energi (som är en gyllene livsenergi).

- Nu ska du andas in Prana från Jorden och Solen, samtidigt till ditt hjärta.

(Du andas alltid Prana tre gånger.)

- Andas in Prana.

- Andas ut Prana i din fysiska kropp.

- Andas in Prana.

- Andas ut Prana i din fysiska kropp.

- Andas in Prana.

- Andas ut Prana i din fysiska kropp.

Det här är alltså nyckeln till att komma in i ditt hjärta. Nu när du har gjort din hjärtförankring så har de här rummen låsts upp och du kan ta dig raka vägen ner till det rummet i ditt hjärta som vi kallar för Stjärnrummet.

För att komma dit ska du tänka en ton, det är en speciell ton du ska skapa inuti ditt huvud. Ordet du ska tänka är Ohm och du ska tänka det i en hög tonart.

Tänk/skapa tonen inom dig och använd den som en hiss som tar dig raka vägen ner till ditt Stjärnrum.

I ditt Stjärnrum ska du känna att du har fast mark under fötterna och när du tittar upp ser du att du faktiskt har stjärnhimlen ovanför dig. Det är därför det här rummet kallas för Stjärnrummet. I det här rummet är du i kontakt med allt och alla.

Precis intill dig ser du att det finns en plats för dig att sitta på. Det kan vara en bänk, en fåtölj eller mjuka kuddar. Det kan också vara en sten eller en gräsplätt, det kan vara vad som helst men du känner att det är just här du ska sätta dig ner. Det är bekvämt och naturligt att sitta här, så slå dig ner och sätt dig bekvämt och säg till dig själv:

Jag älskar mig själv! Jag är värd att må bra!

Jag älskar mig själv! Jag är värd att må bra!

Jag älskar mig själv! Jag är värd att må bra!

Dra nu ett djupt andetag och andas in all den kärlek du har runtomkring dig.

Andas in den och känn hur du rätar på din rygg, hur du blir starkare och känn din inre balans, känn hur kraftfull du är just nu.

Nu fortsätter du med att skapa allt du önskar, se övningen på nästa sida.

Att skapa allt du önskar från ditt hjärta:

- Gör din hjärtförankring och upprepa din affirmation tre gånger för att öka din kärlek till dig själv. Att skapa något nytt kräver mycket kärlek till oss själva för att vi ska kunna tillåta oss att ta emot det vi skapat.

- Bestäm dig för vad det är du vill skapa, du får skapa vad du vill. Du kan skapa trygghet, harmoni och kärlek eller nya gardiner, ny bil eller pengar. Du bestämmer själv.

- Skapa i nutid.
  Tänk på att formulera dig som "jag har..." och inte som "jag kommer att få...".
  Allt du skapar som att "jag kommer att få" kommer aldrig att bli verkligt eftersom du skapat något som du kommer att få – inte som något du redan har.

- Sitt i ditt hjärta och visualisera (fantisera) en bild av det du önskar skapa. "Se" den så tydligt du kan.

- Nu ska du manifestera din önskan, det vill säga, du ska göra den verklig och det gör du genom att gå in i känslan i hur det känns när du har det du skapat i ditt liv.

- Känn din glädje över det du skapat, "se" hur fint det blev, hur nöjd du känner dig och hur mycket bättre ditt liv har blivit.
- Låt oss säga att du valt att skapa "ett bra och roligt arbete" för att du kanske inte trivs på ditt jobb eller för att du är arbetslös.

Gör så här:
- Känn hur det känns inom dig att gå till ditt nya arbete. Trivs du med att se bilder så skapa en bild över ditt arbete.

- Om du vet vilket sorts arbete det ska röra sig om, känn hur det känns att svara i telefon, köra bilen eller vilken sorts arbetsuppgifter det är du önskar.

- Vet du inte vad du vill göra är det nästan lättare, känn glädjen över ditt nya arbete, känn hur roligt det är att gå dit, hur roligt det är att upptäcka vilka arbetsuppgifter du har.

Kanske upptäcker du att du gläds åt andra saker än det du trodde, våga leta efter den typen av arbete, kanske finns jobbet där redan men du har inte insett att det är det jobbet du borde leta efter – det är viktigt att trivas

Om författaren

Terapeut, Healer, Lärare, Författare

Susanne Jönsson är Helhetsterapeut och lärare inom personlig och andlig utveckling sen mitten av 1990-talet.

Hon är grundaren av HelhetsCentrum - Soul and Heart Journey School, en internationell skola för personlig och andlig utveckling. Skolans arbete bygger på tusenårig kunskap, anpassad efter vår tid.

Hon utbildar terapeuter och lärare i skolans tekniker i Helhetshealing, Kanalisering, Meditation och Högre Medvetande.

Här finns också många utbildningar både fysiskt och online som är öppna för alla. Då kan det handla om allt från stresshantering, att leva från hjärtat och att öka din självkänsla till att utforska din inre kunskap på ett djupare plan.

Livekurserna om Lemurien och Atlantis är ett exempel, de är väldigt uppskattade och genomförs med jämna mellanrum.

Hon har skrivit flera böcker i ämnen som handlar om personlig och andlig utveckling samt om medvetandeutveckling.

Hennes böcker är utgivna internationellt och finns både på svenska och på engelska.

Jag heter Susanne Jönsson och jag har arbetat med alternativa behandlingsmetoder sedan mitten på 1990-talet.

Jag är grundaren av HelhetsCentrum – Soul Heart Journey School, en internationell skola för personlig och andlig utveckling.

Vårt arbete bygger på tusenårig kunskap, anpassad efter vår tid.

Under åren har jag haft förmånen att träffa mer än 20 000 studenter och kunder. Jag vet att det vi lär ut fungerar. Jag ser det varje dag.

Idag kan jag med säkerhet säga att du kan förändra hur du mår.

Du kan stärka ditt självförtroende, hantera stress och behålla din inre styrka och balans. Det är ofta mycket lättare än du tror!

Du har all kunskap du behöver i ditt hjärta. Du måste bara hitta den och lära dig att arbeta med den och att lita på den.

Om jag kan göra det – så kan du det med!

// Susanne Jönsson,
grundare av HelhetsCentrum
- Soul & Heart Journey School

Vill du veta mer?

HelhetsCentrum, Soul & Heart Journey School, är en svensk skola som även arbetar internationellt. Vi erbjuder kurser och behandlingar för dig som vill utforska dina inre förmågor, samt kunna leva i balans och välmående till kropp och själ. Alternativ friskvård i kombination med personlig och andlig utveckling, är det vi brinner för.

Vårt arbete bygger på uråldrig kunskap i kombination med den nya tidens kunskap som vi har på Jorden idag.

Vill du veta mer om oss, vara med på en livesändning, gå en fysisk kurs, en onlinekurs, boka en behandling eller läsa någon av våra böcker?

Hos oss har du mycket att välja på:

- Livekurser om Lemurien och Atlantis

- Kurser i Helhetshealing

- Certifierade Helhetsterapeututbildningar

- Kanaliseringskurser

- Meditationskurser

- Lär dig leva från ditt hjärta

- Stresshantering

- Djurkommunikation

- Utforska kunskapen i ditt hjärta

- Aktivera din Merkaba

- Högre Medvetandekurser i avancerade nivåer

- Hitta fler böcker av Susanne Jönsson som "Lemurien och Atlantis", "Med Fötterna på Jorden..", "Aktivera din Merkaba".

Du hittar också böcker från fler av våra lärare i HelhetsCentrum; "Texter från Anubis, del I och del II" av Rose-Marie Rosdahl och "Djurens budskap" av Sabine Gartner.

- Du kan boka behandlingar från någon av våra certifierade Helhetsterapeuter och du kan boka de kurser du är intresserad av direkt på vår hemsida

- Ladda ner vår app – helt gratis och få tillgång till Hjärtmeditationen, få dagliga tips för att öka ditt välmående

Detta och mycket mer hittar du på:
www.helhetscentrum.se

Varmt välkommen att besöka oss